COMPTE

RENDU A LA NATION,

PAR LES REPRÉSENTANS DE S. DOMINGUE,

Au sujet de la démarche éclatante de cette Députation auprès de l'ASSEMBLÉE NATIONALE ;

O U

ULTIMATUM

SUR LA DÉNONCIATION DE M. DE LA LUZERNE,

ET SON ARRÊT.

IMPRIMÉ POUR L'ASSEMBLÉE NATIONALE.

Chez DEMONVILLE, l'an troisieme de la Liberté.

PARIS, 1791.

COMPTE
RENDU A LA NATION,

PAR LES REPRÉSENTANS DE S. DOMINGUE,

Au sujet de la démarche éclatante de cette Députation auprès de l'ASSEMBLÉE NATIONALE;

OU

ULTIMATUM

Sur la Dénonciation de M. DE LA LUZERNE,

Et son ARRÊT.

———————

EN matiere SI GRAVE les Pieces SEULES doivent parler à
un très-court récit doit suffire à leur liaison.
Page 7 de ce Mémoire.

LA plus considérable des Antilles, la plus florissante de nos Colonies, la plus grande & la plus riche des Isles à sucre, enfin la contrée la plus précieuse de la domination françoise avoit été OUBLIÉE dans la convocation des Etats Généraux du Royaume, & avoit d'elle-même nommé des Députés, à l'effet de DÉNONCER cet oubli volontaire, son coupable auteur, & toutes les vexations ministérielles qui désoloient ses malheureux habitans.

LA justice de l'Assemblée Nationale ne tarda pas

à neutralifer les torts du defpotifme. Sa POLITIQUE s'empreſſa de réparer les BÉVUES du Miniſtre, & les Repréſentans de la plus productive de toutes les Provinces furent admis, par un DÉCRET NATIONAL, au nombre des Repréſentans de la Nation.

PEUT-ÊTRE auroient-ils dû commencer par dénoncer dès lors le ſieur de la Luzerne, qui, pour SE VENGER de leur admiſſion, abandonna Saint-Domingue aux horreurs de la difette, & rappela le Général DUCHILLEAU, parce qu'il avoit eu l'humanité de ſauver la Colonie. Mais l'importance des travaux de l'Aſſemblée Nationale, tout occupée du ſalut du Royaume, impoſa d'abord ſilence au zele des nouveaux Députés. Ils chargerent du ſoin pénible de le rompre, M. DE GOUY, leur collegue, & ce dernier, flatté de leur confiance, ne crut pas la trahir en ne preſſant pas la meſure, & en laiſſant au Miniſtre le temps de s'amender.

CEPENDANT l'eſprit d'inſurrection s'étendit juſqu'à Saint-Domingue ; il devenoit urgent de s'occuper des affaires de cette Colonie ; ſon ſort intéreſſoit ſi vivement toutes nos Iſles, que les Députés des Antilles ſe réunirent pour ſolliciter de l'Aſſemblée Nationale la création d'un COMITÉ COLONIAL, compoſé de colons & de négocians, auxquels toutes les pétitions d'outremer fuſſent renvoyées, pour en faire rapport à l'Aſſemblée Nationale, & l'éclaiter peu à peu, tant ſur l'importance de ces poſſeſſions éloignées, que ſur leurs véritables intérêts.

LE premier objet de ce Comité étoit, ſans contredit,

de fouftraire l'enfance de la liberté coloniale aux vio-
lences du defpotifme expirant , & de faire jouir ce^s
contrées lointaines du bienfait de la régénération totale
lde l'Empire. Nos intentions CIVIQUES n'échapperent
pas à la pénétration des OPPRESSEURS. Charger un
Comité de veiller au bonheur des Colonies , c'étoit ,
fuivant eux , *renverfer le trône du pouvoir arbitraire,
brifer fa couronne , & arracher à M. de la Luʒerne
le fceptre des deux Indes*, qu'il efpéroit de fe réferver
au milieu des nombreufes conquêtes faites par la liberté fur les Miniftres fes confreres.

QUE faire dans cette occurence ? Se former un parti
dans l'Affemblée Nationale elle-même, exciter l'arif-
tocratie , foulever le commerce, pratiquer des menées
fouterraines, inconnues fouvent à ceux mêmes qui fe
laiffoient fubjuguer, parvenir ainfi à faire rejeter cette
motion falutaire , & ofer faire propofer par des Repréfentans de la Nation, à la Nation affemblée, *de con-
tinuer à renvoyer les Colonies & toutes les affaires
coloniales à la décifion fuprême du pouvoir exécutif.*
Voilà ce que tenterent les partifans du Miniftre. Ce
fut au moment où ce blafphême national fut proféré,
que M. DE GOUY monta à la tribune.

IL commença par réfuter les affertions erronées des
préopinans , & traitant enfuite au fond la queftion re-
lative à la formation d'un COMITÉ COLONIAL, il en
appuya la néceffité fur les GRIEFS nombreux dont les
Colonies demandoient le redreffement, fur les DANGERS
qui menaçoient leur exiftence politique, fur l'infurrec-

A 2

tion de la Martinique , fur celle de la Guadeloupe, non moins effrayante , & fur ces mouvemens PRÉCURSEURS d'une révolution, qui déjà s'étendoient jufqu'à Saint-Domingue. « Et c'eft dans de telles circonftances, s'écria-t-il, » qu'on propofe à l'Affemblée Nationale d'abandonner » les infortunés colons à la merci d'un pouvoir exécutif » qui repofe entre les mains de fubalternes prévarica- » teurs, & d'un Miniftre JUSTEMENT EXÉCRÉ d'une » Colonie dont il a fait perfonnellement le malheur, » & dont il femble vouloir confommer la ruine ».

CES dernieres expreffions, vivement applaudies par une partie de l'Affemblée , furent hautement improuvées par le COTÉ DROIT , & ce furent ces murmures dé-placés qui fendirent le nuage. M. de Gouy répéta FROIDEMENT ce qu'il avoit avancé avec chaleur, ajouta qu'il étoit SPÉCIALEMENT CHARGÉ par fes Commet-tans de DÉNONCER à la Nation M. de la Luzerne & fes agens, & prouva la vérité de cette miffion, en lifant plufieurs traits de lettres nouvellement reçues des Affem-blées provinciales de la Colonie.

LE tumulte qui fuccéda à ce difcours, rendit indif-penfable l'ajournement de la formation fi preffante du Comité colonial.

LE lendemain, 1 décembre 1789, M. de la Luzerne fe permit d'adreffer au Préfident une lettre IRRESPEC-TUEUSE pour l'Affemblée Nationale, & attentatoire au caractere augufte d'un repréfentant de la Nation.

M. DAMBLY, animé par la lecture de ce bel ouvrage,

imagina d'en feconder l'effet par la propofition IN-
CONSTITUTIONNELLE de *déclarer coupables de calomnie
tous les dénonciateurs qui n'adminiftreroient pas A
L'HEURE MÊME des preuves fuffifantes à l'appui
de leur dénonciation.*

M. de Mirabeau l'aîné réfuta victorieufement cette
motion erronée. M. de Gouy y répondit en fe fou-
mettant à l'anathême qu'elle renfermoit, fi, fous très-
peu de temps, il ne rempliffoit l'engagement FORMEL,
qu'il renouveloit, de PROUVER jufqu'à l'évidence tout
ce qu'il avoit avancé la veille.

AINSI les murmures du COTÉ DROIT ouvrirent la
carriere, & le défi de M. Dambly devint le fignal du
combat.

ON fe doute bien de tous les efforts que firent les
amis du Miniftre pour parer le coup fenfible que devoit porter à fon autorité la formation d'un Comité colonial, ajournée au lendemain. Ils l'engagerent à
écrire une lettre d'EXCUSE à l'Affemblée Nationale,
& dans la féance du foir, une PETITE MAJORITÉ, en
rejetant la demande UNANIME des Députés de toutes
les Antilles, & refufant le Comité qu'ils follicitoient
dans leur détreffe, porta un coup funefte à nos pro-
priétés américaines, & devint la CAUSE UNIQUE de
tous les défaftres qui, depuis cette époque, ont défolé
ces contrées malheureufes, de l'effufion d'un fang pré-
cieux, & de la crainte qui nous agite aujourd'hui de
voir s'échapper de nos mains, en PURE PERTE POUR

l'Europe entiere, ces mines abondantes de nos tré-
fors ; ces fources intariffables de nos richeffes.

CEPENDANT on répandoit dans Paris , on publioit
dans tous les papiers miniftériels, que M. de Gouy
étoit le SEUL DÉNONCIATEUR de M. de la Luzerne,
qu'il n'avoit PAS UNE SEULE preuve , & que perfonne
ne le foutenoit.

POUR répondre à ces imputations fans fondement,
il monta à la tribune le 24 du même mois de décembre 1789 , & annonça FORMELLEMENT, AU NOM DE
SES COLLEGUES, que fon ouvrage étoit prêt, & qu'il
demandoit audience.

GRANDS murmures du COTÉ DROIT, qui non feulement empêcha de ftatuer fur la motion , mais en fe
joignant au commerce , s'oppofa à ce que la déclaration de M. de Gouy, DÉPOSÉE fur le bureau, fût in-
férée dans le procès verbal de la féance , comme LA
JUSTICE le prefcrivoit. A l'appui de cet avantage , on
publia que des *reffentimens particuliers contre M. de
la Luzerne avoient pu SEULS déterminer quatre ou
cinq Deputés de Saint-Domingue à s'unir à M. de
Gouy , mais que les preuves n'exiftoient pas , &
que la dénonciation n'auroit jamais lieu.*

LES Députés de la Colonie eurent l'énergie de fe
roidir contre l'impulfion que reçut d'abord l'opinion
publique, de l'influence miniftérielle ; mais s'ils refpec-
terent les travaux importans de l'Affemblée Nationale,

(7)

dans un moment où ils affuroient le falut de l'Empire,
ils ne perdirent jamais de vue un feul inftant la MIS-
SION importante dont ils étoient chargés.

M. de Gouy, muni de leurs pouvoirs, épioit foi-
gneufement une occafion favorable ; il crut l'avoir
trouvée le 24 avril 1790, & la faifit habilement. Des
bruits inquiétans s'étoient accrédités fur la fidélité de
nos Colonies. « Meffieurs , dit-il , je viens vous ap-
» porter l'hommage de nos freres d'Amérique. Ils font
» françois, ils font fideles ; tous les actes adminiftratifs
» de la Colonie de Saint-Domingue font précédés de
» ces mots facrés : A LA NATION, A LA LOI, ET AU
» ROI. Tous refpirent un profond refpect pour l'Affem-
» blée Nationale, & ne font entendre de plaintes que
» contre les agens du pouvoir arbitraire. C'eft à leurs
» vexations que Saint-Domingue rapporte tous fes
» maux. La Colonie ne peut plus fupporter leurs excès.
» Mais comme EN MATIERE SI GRAVE, LES PIECES
» SEULES DOIVENT PARLER, ET QU'UN RÉCIT TRÈS-
» COURT DOIT SUFFIRE A LEUR LIAISON, écoutez, je
» vous prie, ce que l'Affemblée provinciale du Nord,
» la plus grande des trois Provinces, a chargé fes Re-
» préfentans de mettre fous vos yeux, en date des mois
» de janvier & février dernier ».

*EXTRAIT D'UNE LETTRE DE L'ASSEMBLÉE
PROVINCIALE DU NORD AUX DÉPUTÉS DE
LA COLONIE.*

Au Cap, ce 29 janvier 1790.

« LA conduite, foit de M. de la Luzerne, foit des

» Administrateurs , foit du Confeil fupérieur actuel , ne
» juftifie que trop la néceffité où nous fommes encore
» de nous adminiftrer nous-mêmes.

» M. de la Luzerne a plus que perdu notre con-
» fiance ; IL EST NOTRE ENNEMI . . . . . . Il pouffe la
» perfidie jufqu'à favorifer fous main les INSURREC-
» TIONS D'UNE CASTE qui tient tout des bienfaits de
» fes anciens maîtres, & à flatter baffement, dans fa
» correfpondance avec eux, des efpérances dont l'ac-
» compliffement ne feroit rien moins que la fubverfion
» totale de la Colonie. Il étoit temps que ce tyran
» FUT DÉMASQUÉ, confondu, ET PUNI. Après l'avoir
» DÉNONCÉ au public, nous LE DÉNONÇONS A L'AS-
» SEMBLÉE NATIONALE, & comme elle eft jufte, elle
» nous en fera juftice.

» NOUS avons tous APPLAUDI A LA DÉNONCIATION
» QUE VOUS EN AVEZ DÉJA FAITE, Meffieurs, par la
» bouche de M. le Marquis DE GOUY D'ARSY. Notre
» arrêté pris à cette occafion, & que nous vous en-
» verrons inceffamment, vient à l'appui de CET ACTE
» DE COURAGE ; & loin que vous deviez reculer, nous
» vous donnons CHARGE EXPRESSE de pourfuivre VI-
» GOUREUSEMENT cette dénonciation ; les preuves ne
» vous manqueront pas ».

CETTE lecture avoit été plufieurs fois interrompue
par les Députés qui fe placent à la droite du Préfident ;
mais le Préfident avoit oppofé à ce tumulte une obfer-
vation fimple : c'eft que, de tous les opinans, celui

qui devoit être le moins interrompu, étoit sans doute
celui qui ne parloit pas d'après lui-même, & qui ne
faisoit que transmettre l'opinion de ses Commettans.

La lettre fut donc écoutée & entendue.

M. DE GOUY y joignit la lecture de l'*ARRÊTÉ
PRIS PAR L'ASSEMBLÉE PROVINCIALE DU
NORD le 22 janvier* 1790. Il est conçu en ces termes :

« ET attendu qu'il est constant que le Comte de la
» Luzerne est l'ENNEMI JURÉ de la Colonie ; qu'il a
» toujours cherché à lui nuire par tous les moyens
» possibles, l'Assemblée le DÉNONCE à l'Assemblée Na-
» tionale, comme COUPABLE d'avoir abusé de la con-
» fiance que le Roi lui avoit accordée, en opérant,
» conjointement avec les sieurs LAMARDELLE & DE
» MARBOIS, LA RÉUNION des Conseils de Saint-Do-
» mingue, malgré qu'ils eussent la liberté & l'ordre
» de ne pas l'opérer, si elle étoit nuisible ; d'avoir,
» contre sa conscience & son devoir, soutenu cet ou-
» vrage FUNESTE ; d'avoir, avec le sieur de Marbois,
» VEXÉ les colons, & notamment ceux de cette dé-
» pendance, dans toutes les parties de l'administration,
» & plus particulierement dans celle des finances ;
» d'avoir ensuite, quand il a été Ministre, fecondé les
» vexations, les INJUSTICES, les RAPINES, & les ca-
» prices du sieur de Marbois, avec une ponctualité &
» une promptitude dont il n'y a jamais eu d'exemple ;
» d'avoir refusé de donner des ordres pour faire arrêter
» les sieurs Morel & Gervais, accusés de s'être com-

» barqués avec des milliers de fufils pour tenter une
» infurrection dans la Colonie; d'avoir fait les plus
» grands efforts pour EMPÊCHER L'ADMISSION des Dé-
» putés de Saint-Domingue à l'Affemblée Nationale ;
» d'avoir enfin affecté de ne pas envoyer l'ordre pour
» la preftation du ferment des troupes, qui n'a été
» fait au Port-au-Prince que le 15 de janvier 1790,
» & quand le Général s'y eft vu forcé. DÉFEND en
» conféquence à toutes perfonnes, de quelque qualité,
» condition, & état qu'elles foient, de CORRESPONDRE
» en aucune maniere avec ledit fieur Comte de la
» Luzerne, à peine d'être réputés TRAITRES à la Pa-
» trie, & comme tels pourfuivis & punis fuivant la
» rigueur des Ordonnances...... &c. ».

M. de Gouy fut encore interrompu pendant cette lecture; il le fut très fouvent; cependant ce n'étoit pas lui
qui parloit, c'ÉTOIT LA COLONIE: mais chaque fois
il reprit tout ce qu'il lifoit, avec ce calme qu'on devroit
toujours oppofer au tumulte & à la violence.

» D'APRÈS ce que vous venez d'entendre, Meffieurs,
» ajouta-t il, d'après des ordres RÉITÉRÉS, précis, & fi
» IMPÉRIEUX, je ferois coupable envers la Colonie &
» à vos yeux mêmes, fi je différois d'avantage une dé-
» marche que je n'ai retardée, depuis quatre mois, que
» par refpect pour l'extrême importance de vos travaux.
» Autorifée, & même preffée, par les ordres de fes
» commettans, la DÉPUTATION ENTIÈRE m'a chargé
» expreffément de vous préfenter aujourd'hui la DÉNON-
» CIATION FORMELLE du Miniftre de la Marine, que

» j'eus l'honneur de vous annoncer le premier décembre
» dernier, de confirmer le lendemain, de vous foumettre
» le 24 du même mois, & que voici en QUATORZE CHEFS,
» tous SIGNÉS féparément, non feulement par moi,
» comme rédacteur, mais PAR NOS COLLEGUES, votans
» & fuppléans, & tous interpretes de la Colonie. Je
» vous prie inftamment de décréter le jour où il vous
» plaira de nous accorder une audience entière pour
» entendre cette dénonciation & prendre connoiffance des
» nombreufes pièces juftificatives qui la foutiennent ».

M. de Mirabeau le jeune demanda qu'avant de recevoir une dénonciation auffi grave, l'Affemblée Nationale fît une loi contre les dénonciateurs CALOMNIEUX.

M. de Gouy, qui avoit repris fa place, fe leva pour
APPUYER fortement cette motion; fes Co-députés fe
joignirent à lui; il fembloit qu'ils ne redoutoient point
du tout les châtimens dont on menaçoit les dénonciateurs dépourvus de pièces; mais le côté gauche de la
falle s'oppofa avec force à cette propofition INCONSTI-
TUTIONNELLE, déjà préfentée par M. Dambly le 2
décembre, au fujet du même Miniftre, & rejetée alors,
comme ATTENTATOIRE aux droits des Repréfentans de
la Nation. Ce même côté demandoit l'impreffion de
l'ouvrage & le renvoi au Comité des Rapports.

M. de Gouy & fes Collegues fe réunirent à cet avis,
& il fut décrété que cette affaire, la PREMIERE de ce
genre qui ait été préfentée à l'Affemblée Nationale,
feroit renvoyée au Comité des Rapports, pour en ren-

dre compte INCESSAMMENT, & qu'il seroit donné communication à M. de la Luzerne de toutes les pièces sur lesquelles se fondoient ses dénonciateurs.

AINSI, pour cette fois, la dénonciation formelle d'un Ministre FUT REÇUE, & solemnellement consignée dans le procès verbal de l'Assemblée nationale.

M. de la Luzerne crut adoucir cet échec, en assurant ses partisans & faisant répandre par eux, que M. de Gouy étoit son SEUL dénonciateur ; que l'acharnement d'un SEUL homme ne pouvoit être un préjugé contre un Ministre intègre & au dessus du soupçon ; enfin que son INNOCENCE ne tarderoit pas à paroître au grand jour.

EN effet, aidé de l'Intendant MARBOIS, son complice & son ami, qui, échappé furtivement à la juste fureur des Colons de Saint-Domingue, étoit venu chercher un asile dans le sein de son protecteur, il se mit à fabriquer une apologie bien digne, en tous sens, d'un agent despotique du pouvoir arbitraire. Entouré des premiers Commis de ses bureaux, chacun d'eux reçut l'ordre de répondre à l'article de la dénonciation qui compromettoit son Département. Devant eux s'ouvrit le dépôt curieux des intrigues du cabinet, de ces correspondances intimes que l'on voiloit jadis du nom imposant de *secret de l'Etat*, & qui ne renferme que les torts secrets des Administrateurs. Bientôt de cet arsenal ministériel sortirent TREIZE DÉNÉGATIONS, que M. de la Luzerne fit enluminer par un avocat plaidant au Parlement de Paris, & aussi-tôt les presses de l'Imprimerie royale GÉMIRENT par ſes ordres, & vomirent une juſtification volumineuſe qui ne prouvoit rien au public, ſinon que le dénoncé s'obſtinoit A NE PAS AVOUER ſes délits.

COMME on étoit bien ſûr qu'un FACTUM de 400 pages ne ſeroit lu, dans les circonſtances actuelles, de qui que ce fût, un extrait, ADROITEMENT libellé, des TREIZE DÉNÉGATIONS, fut adreſſé à tous les Journaliſtes & inſéré dans preſque tous les papiers publics.

LES Députés de Saint-Domingue ne furent pas ſurpris d'y trouver, à chaque page, L'ÉLOGE pompeux de celui qui avoit ordonné la fabrication de ce mémoire; ils ſourirent même à la naïveté avec laquelle les ſerviles Coöpérateurs, & de l'ouvrage & des extraits, s'efforçoient de perſuader à L'IDOLE ACCUSÉE, & au public, *que le Miniſtre n'avoit pas refuſé des lettres de convocation à la Colonie de Saint-Domingue*; tandis que ſes Commiſſaires les ont conſtamment ſollicitées depuis le premier ſeptembre 1788, & que jamais la Colonie N'EN A OBTENU.

Qu'il n'avoit pas mis d'obſtacle dans l'Iſle à la nomination des Députés: tandis que pluſieurs ordonnances prohibitives ont été rendues à ce ſujet par les Adminiſtateurs, & que les moyens ſecrets les PLUS ODIEUX ont été mis en uſage.

Qu'il n'avoit pas enlevé ſon état à un Citoyen eſtimable, pour couvrir de ſes dépouilles ſon calomniateur; tandis que ce Citoyen n'a plus ſa place, & que le calomniateur en eſt revêtu.

Que des Citoyens n'ont pas été vendus à un aventurier pour les Puissances étrangères ; tandis que les procès verbaux d'arrestation de ces Citoyens, sans aucune formalité légale, sans aucun prétexte, LEUR ÉCROU dans les prisons, & LE REÇU de leurs personnes à bord, malgré leurs gémissemens, sont ENTRE LES MAINS de ceux qui dénoncent cet exécrable forfait.

Qu'un Citoyen n'a pas été jugé arbitrairement ; tandis qu'il a été embarqué de force, & condamné PROVISOIREMENT à 8 jours de prison, pour une faute qui n'a été punie au fond que par 3 jours d'arrêt.

Que la réunion des Conseils supérieurs de Saint-Domingue n'est pas désastreuse ; tandis qu'il n'y a qu'une voix contre elle dans la Colonie, & que le premier acte de la liberté a été de RÉTABLIR le Conseil supprimé.

Qu'un mensonge public n'a pas été proféré au sujet du grand chemin du Cap, quand ce mensonge est constaté dans le préambule d'un édit, où l'on cite LA BEAUTÉ de ce chemin avant qu'il eût été commencé.

Que la démission n'a pas été arrachée à un Magistrat septuagénaire ; tandis qu'il a été PRIVÉ de sa place, sans retraite, pendant 3 ans, & qu'il ne doit son exaltation qu'aux suffrages de ses Concitoyens devenus libres.

Qu'un père de famille n'a pas été la victime d'une

exaction publique ; tandis que *99* Notables ont figné SUR SON CERCUEIL l'atteftation la plus énergique de la caufe de fa mort.

Que des réunions tyranniques n'ont point été faites aux Domaines du Roi, ni des conceffions frauduleufes accordées ; lorfque les cris unanimes des Colons dénonçoient, à la vengeance publique, ces abus, dont on effayoit de déguifer la multiplicité par des états évidemment faux.

Que Saint-Domingue a toujours été dans l'abondance des fubfiftances de premiere néceffité ; tandis qu'à plufieurs reprifes le pain s'y eft payé VINGT SOUS LA LIVRE pendant le cours de 1789.

Qu'un Gouverneur, cher à la Colonie, n'a pas été rappelé ; tandis qu'il a été mandé en France fur un faux expofé, & que Saint-Domingue LE PLEURE & le rappelle.

Qu'un Intendant profcrit n'a pas été maintenu, tandis qu'il eft refté dans l'Ifle, jufqu'à ce que la fureur du peuple, qui vouloit le mettre en PIÈCES, l'ait contraint à chercher fon falut dans la fuite.

Qu'une lettre d'approbation n'a point été fuggérée au Roi en faveur de ce coupable adminiftrateur ; tandis que la lettre exifte, que le coupable s'en GLORIFIE, & que fi notre équitable Monarque n'eût pas été trompé, jamais il n'auroit prodigué au crime la récompenfe honorable de la vertu.

Les Députés de Saint-Domingue ne s'étonnèrent pas non plus d'apprendre qu'une défense TÉNÉBREUSEMENT libellée à Paris par le sieur *de Marbois*, auxiliaire du Ministre, circuloit dans les Provinces, & sur-tout dans LES PORTS DE MER, où ses rigueurs PROHIBITIVES ont dû lui faire quelques amis. Ils reconnurent à chaque page de cet ouvrage le cachet d'un homme habitué à manier la verge de fer, & ils lui pardonnerent de répéter sans cesse :

Que la dénonciation n'étoit l'ouvrage que de M. de Gouy; comme si le nombre des Rédacteurs pouvoit ajouter à l'influence d'une approbation UNANIME de la Colonie.

Que cette dénonciation n'étoit signée que de 13 Députés; comme si 13 sur 14 ne formoient pas une MAJORITÉ suffisante.

Qu'elle n'étoit faite qu'au nom d'un des trois Comités de l'Isle, comme si les trois Assemblées provinciales permanentes n'avoient pas énoncé séparément LE MÊME VŒU, avec la même énergie, long-temps même avant que l'Assemblée générale s'expliquât.

Que la dénonciation n'est appuyée d'aucune pièce; comme si le Rédacteur n'avoit pas énoncé à chaque Chef que toutes les pièces étoient dans ses mains, ce qu'il a bien prouvé par le DÉPOT AUTHENTIQUE qu'il en a fait au Comité des Rapports.

Que le sieur de Marbois est réduit à repousser seul,
avec

*avec fes actions & fa vie, des ennemis nombreux &
puiffans;* comme fi des ennemis nombreux fe feroient
élevés, parmi les Colons, contre un Adminiftrateur qui
auroit fu SE FAIRE AIMER dans la Colonie.

*Qu'il eft déjà regretté de Saint-Domingue, & que
fa mémoire y eft bénie;* comme fi les trois Affemblées
provinciales & l'Affemblée générale euffent, depuis
6 mois, exprimé d'autres fentimens que L'ALÉGRESSE
de fa fuite & LA CRAINTE de son retour.

*Que fa juftification eft appuyée de pièces irré-
fiftibles;* comme fi l'on pouvoit appliquer cette épithete
à des paffages de la GAZETTE de la Colonie, imprimée
alors dans LA RÉSIDENCE des Adminiftrateurs, SOUS
LES YEUX des Adminiftrateurs, par L'IMPRIMEUR des
Adminiftrateurs, & non autrement.

*Que pour triompher des inculpations fignées de 13
Députes, il suffiroit d'oppofer les témoignages favo-
rables fignés de 13 habitans, & qu'il en produira plus
de 150;* comme fi l'on pouvoit mettre en parallele 13
particuliers avec LES TREIZE REPRÉSENTANS d'une
Colonie puiffante, qui, revêtus de fa confiance & de
fes pouvoirs, agiffent en fon nom ; comme fi 150
fignatures ISOLÉES pouvoient être comparées à 4,000 fignatures réunies ; comme fi tout un peuple ne parloit
pas, quand fes Repréfentans parlent d'après fes ordres,
& qu'un ASSENTIMENT UNANIME, poftérieur à leurs
affertions, vient y mettre le fceau d'une fanction irré-
cufable.

B

Toutes ces allégations miférables des deux Admi-niftrateurs inculpés , toutes ces dénégations précoces contre un mémoire dénonciatif QUI N'AVOIT PAS EN-CORE PARU , ne pouvoient être confidérées par des lecteurs impartiaux comme des argumens victorieux, & ne devoient pas provoquer une réponfe de la part des Repréfentans de la Colonie ; mais il ne leur fut pas poffible de garder pareillement le filence fur un para-graphe de l'avant - propos du Mémoire juftificatif de M. de la Luzerne, où l'on lifoit ces mots :

La dénonciation faite contre moi à l'Affemblée Nationale a été fignée par 13 perfonnes ; mais parmi elles, je fais diftinguer MES VRAIS ACCUSA-TEURS. Il en eft qui , après m'avoir lu, REGRET-TERONT d'avoir trop facilement cédé à des impul-fions ÉTRANGERES. Je vais mettre l'Affemblée & le public à portée de prendre une JUSTE OPINION des autres.

Il étoit évident que cette affertion hafardée n'avoit d'autre motif que d'abufer le public, & de lui faire croire, 1°. que les 13 fignataires de la dénonciation étoient LES DÉNONCIATEURS du Miniftre ; 2°. que cette dénonciation N'ÉTOIT POINT UNANIME de la part des Députés de la Colonie ; 3°. que parmi eux, les uns étoient des INTRIGANS qu'on va livrer à l'opinion publique, & les autres des AMES FOIBLES qui avoient trop facilement cédé à des impulfions étrangeres

Pour neutralifer l'effet de ces intentions perverfes,

M. de Gouy propofa à fes collegues DE DÉPOSER au Comité des Rapports CENT CINQUANTE PIECES JUSTIFICATIVES à l'appui de la dénonciation. Cette mefure fut agréée par la députation qui fe rendit en corps au Comité, & qui y RÉALISA CE DÉPOT, après avoir laiffé fur le bureau une déclaration dont il importe de donner communication à nos lecteurs.

EXTRAIT DE LA DÉCLARATION DES DÉPUTÉS DE SAINT-DOMINGUE.

Paris, 2 juillet 1790.

« LA députation, fans vouloir répondre QUANT A
» PRÉSENT au mémoire de M. de la Luzerne, autre-
» ment que par le fimple expofé des pieces juftifica-
» tives qui appuient toutes les inculpations de la Co-
» lonie, mais juftement BLESSÉE du paragraphe ci-
» deffus qu'il s'eft permis d'inférer dans fon apologie,
» a arrêté : Que nous faifirons cette occafion de RÉ-
» PÉTER ce que nous avons annoncé à LA TRIBUNE,
» & ce que nous publierons PAR ÉCRIT, que perfonne
» quant à préfent N'ACCUSE M. de la Luzerne, mais
» que Saint-Domingue DÉNONCE aux Repréfentans de
» la Nation & ce Miniftre & les agens fubalternes de
» fes ordres ; que ce n'eft donc pas la députation de
» la Colonie qui fait cette dénonciation, puifqu'elle
» n'eft que L'ORGANE de la Colonie dénonçante.

» QU'AINSI c'eft attaquer l'effence de fes fonctions,
» que de chercher à établir des DISTINCTIONS entre
» les membres de la députation, lorfqu'elle ne forme

» qu'un corps INDIVISIBLE de mandataires rempliſſant,
» non par leur propre choix, mais par le reſpect qu'ils
» doivent aux ordres directs, précis, & répétés de
» leurs Commettans, une miſſion JUSTE en elle-même,
» UTILE à la Colonie, mais DOULOUREUSE pour leurs
» cœurs.

» QUE pour repouſſer oſtenſiblement une INCULPA-
» TION attentatoire à la dignité du caractere des Re-
» préſentans d'une grande & puiſſante contrée, & ma-
» nifeſter à tous les membres de l'Aſſemblée Natio-
» nale, nos collegues, & au Public, la CONVICTION
» de notre conſcience, l'UNANIMITÉ de nos opinions,
» l'INDIVISIBILITÉ de nos démarches, & l'horreur que
» nous aurions tous pour l'être VIL OU FOIBLE qui ſe
» permettroit de céder à des *impulſions étrangères* ;
» la députation énoncera ſolennellement au Comité
» des Rapports, par l'organe de ſon Préſident & par
» la ſignature DE TOUS SES MEMBRES au pied de la
» préſente délibération qui ſera dépoſée ſur le Bureau,
» qu'elle n'eſt QU'UNE dans tout ce qui a été arrêté
» pour l'avantage de la Colonie, & qu'à LA TÊTE
» des objets qui intéreſſent le plus eſſentiellement la
» paix, la tranquillité, & la proſpérité des Iſles ſous
» le vent, ce ſeroit s'aveugler que de ne pas placer la
» demande qne fait Saint-Domingue de N'AVOIR PLUS
» AUCUN RAPPORT avec le Miniſtre actuel de la Ma-
» rine, ſon Intendant, & ſon Procureur général.

» QUE la députation tout entiere, après avoir fait
» le récollement & LE DÉPOT d'environ 150 pieces

» originales, que deux de ſes Commiſſaires ſigneront,
» *ne varietur*, ſollicitera, de la part de M. le Rap-
» porteur, toute la célérité que ſon zele lui inſpirera
» pour la PROMPTE EXPÉDITION de cette affaire, ſi
» importante à la SATISFACTION due à la Colonie, &
» qu'elle réclamera de l'équité des membres qui com-
» poſent le Comité, le nombre d'audiences néceſſaires
» pour les inſtruire ſur des faits nombreux, qui exigent
» d'autant plus d'attention de leur part, que ſouvent
» ils ne préſentent aucune analogie avec les uſages
» obſervés dans le continent, & familiers à ceux qui
» l'habitent.

» ENFIN, que le préſent arrêté, fait au Comité,
» ſera ſigné, MANU PROPRIA, par tous les Membres
» préſens de la députation de Saint-Domingue ».

ILS ſignèrent en effet, dépoſèrent leur déclaration
ſur le bureau AVEC LES PIÈCES, & ſe retirèrent, après
avoir répété pluſieurs fois qu'elles étoient deſtinées à
être communiquées à l'accuſé; mais que, pour des
raiſons ſages & politiques, il ne devoit lui être délivré
des EXTRAITS que des articles qui LE CONCERNOIENT, à
charge & à décharge.

M. de la Luzerne, informé de ce dépôt, dont la réa-
liſation lui avoit toujours ſemblé une chimère, demanda
que ces pièces lui fuſſent confiées, & en preſſa beaucoup la remiſe; il mettoit à cette communication un
puiſſant intérêt, ſans doute, puiſqu'il ne ceſſoit L'AC-
CABLER DE VISITES, à ce ſujet, le Préſident du Comité.

L'orgueil ministériel, qui, pendant une année, avoit traité avec tant de hauteur les Commissaires de Saint-Domingue, FLÉCHISSOIT à son tour devant la nécessité de sortir d'une position que chaque jour rendoit plus PÉRILLEUSE. En effet, le Ministre, en provoquant son jugement, n'avoit à combattre que le passé ; le moindre délai pouvoit le mettre aux prises avec LE PRÉSENT. Dans l'état actuel, il n'avoit à craindre d'autres armes que celles que le hasard nous avoit fournies ; en différant, il devoit redouter le débarquement d'un arsenal entier, qu'une Colonie malheureuse pouvoit expédier contre lui.

LES Députés de Saint-Domingue, sans chercher précisément à profiter des avantages que des délais pouvoient leur offrir, s'opposèrent constamment à la remise INTÉGRALE des pièces dont ils avoient fait le dépôt.

INVITÉS au Comité des Rapports pour se décider sur ce point, ils y trouvèrent M. DE BONNIERES, Avocat de M. de la Luzerne, qui demandoit l'intégralité des pièces.

MM. de Gouy & de Reynaud référèrent à notre déclaration du 2 juillet, en développèrent les motifs honêtes & patriotiques, consentirent formellement à la communication TOTALE, SANS DÉPLACER, acquiescèrent à la remise d'une copie authentique des objets RELATIFS A L'ACCUSÉ, & ne firent porter leurs RÉSERVES que sur la communication ÉCRITE DU SECRET de nos Commettans, & sur celle de quelques articles qui ne font propres qu'à élever des questions infiniment dangereuses, dont la publicité, au milieu des troubles qui agitoient Saint-Domingue, pouvoit devenir un prétexte pour pro-

voquer l'indépendance, & nous faire perdre cette magni-
fique poffeffion & toutes les autres Colonies.

CES raifons politiques auroient paru de quelque
poids à tout autre qu'à l'agent d'un Miniftre qui n'auroit voulu que SE JUSTIFIER, & qui n'auroit pas
cherché, ou à frapper D'INERTIE toutes les pièces
deftinées à le convaincre, ou à y DÉCOUVRIR LES
NOMS de fes accufateurs, dont il étoit encore à même
de fe venger, ou enfin à PUNIR une Colonie entière,
de l'exécration qu'elle lui témoigne, en la livrant,
par des manifeftations indifcretes, à tous les malheurs
d'une guerre inteftine & cruelle.

MAIS le défenfeur infifta fur la libre difpofition de
L'INTÉGRALITÉ DES PIÈCES; & le Comité des Rapports, ne pouvant les livrer contre l'intention expreffe
des Repréfentans de Saint-Domingue, convint d'en
référer le lendemain 5 aqût, en leur préfence, à la
féance du foir, à l'Affemblée Nationale.

LES parties s'y rendirent, & l'affaire n'y fut pas
traitée; mais le 6, à l'ouverture de la féance du matin,
& AVANT L'ARRIVÉE d'aucun des Députés de la Colonie, le Comité des Rapports provoqua une décifion
fur laquelle l'Affemblée Nationale, NON INSTRUITE,
prononça, SANS AUCUNE DISCUSSION, le décret fuivant:

» L'ASSEMBLÉE NATIONALE, après avoir entendu
» fon Comité des Rapports, ordonne que la commu-
» nication INTÉGRALE de toutes les pièces contenues
» dans l'inventaire fourni par les Députés de Saint-
» Domingue, fera donnée à M. de la Luzerne, ou
» à fon Confeil, même en l'abfence de MM. les Dé-

» putés de Saint-Domingue, & que copies en forme
» lui en feront délivrées ».

A peine ce décret étoit-il rendu, que le Rapporteur s'en étoit déjà fait délivrer expédition, & l'avoit
envoyé, fur l'heure même, au Comité des Rapports
pour le mettre A EXÉCUTION.

C'ÉTOIT enlever aux Députés de Saint-Domingue
le feul moyen qui leur reftoit, de revenir le lendemain contre cette difpofition, en les mettant à même
d'en expofer les dangers lors de la lecture du procès
verbal, époque deftinée à la rectification de plufieurs
prononcés femblables, que l'Affemblée Nationale, toujours jufte, ne refufe jamais de changer, quand elle
eft éclairée par des parties qui n'ont point été enten-
dues la veille.

Un dépôt de confiance fut donc ENLEVÉ contre leur
intention expreffément manifeftée, au mépris de la
déclaration des droits de l'homme, & du refpect dû au
fceau des lettres; car ils avoient appofé LE SCEAU DE
LEURS RÉSERVES fur tous les articles qui pouvoient
nuire à la chofe publique & aux réputations privées,
& il femble que la plus grande RIGUEUR à leur égard
& la FAVEUR la plus marquée vis-à-vis du Miniftre
auroient dû leur laiffer au moins l'option fuivante:

Ou la communication INTÉGRALE des pièces à
l'accufé, ou la remife ABSOLUE du dépôt aux dénonciateurs.

Ils n'auroient pas héſité à adopter ce dernier parti, & à attendre, dans une conjonĉture AUSSI DÉLICATE, les ordres de leurs Commettans.

Dès le même jour ils livrèrent à l'impreſſion le récit de ces faits, comme une juſtification COMPLETTE de leur conduite ; ils firent inférer dans tous les papiers publics un extrait de ce récit, & y déclarèrent formellement qu'ils étoient innocens, & de tous les MALHEURS PUBLICS qui pouvoient réſulter de l'exécution d'un tel décret, & de toutes les infortunes particulières auxquelles il livroit ceux de leurs Compatriotes qui, ayant eu le courage de leur dévoiler les abus odieux du Gouvernement, alloient, ſans doute, être en butte à la VENGEANCE d'un Miniſtre inculpé & tout-puiſſant, qui tenoit déſormais dans ſes mains la liſte de ſes ACCUSATEURS, & pouvoit d'un mot la changer en une liſte DE PROSCRIPTION.

M. de la Luzerne ne perdit point de temps. Toujours dans l'inquiétude à chaque vaiſſeau qui abordoit nos côtes, il envoya 6 Commis prendre copie de L'INTÉGRALITÉ des correſpondances dépoſées. Tandis qu'on y travailloit ſans relâche, ſes preſſentimens ſe vérifièrent.

Le 20 juillet, M. de Gouy monta à la tribune. « MESSIEURS, dit-il, les ennemis de la révolution » perdant l'eſpoir de retirer le fruit des trames odieuſes » qu'ils avoient miſes en œuvre ſur le continent, ont » imaginé de ſemer dans les eſprits, des alarmes d'un » autre genre, & de répandre dans le public des bruits

» attentatoires à la FIDÉLITÉ des Colonies françoises,
» & particulièrement à celle de Saint-Domingue. Ces
» bruits menfongers & alarmants pour le commerce,
» ne pourroient manquer de porter un coup funefte à
» la tranquillité des Antilles, en éloignant de ces con-
» trées précieufes l'abondance DES DENRÉES de pre-
» mière néceffité, qu'il importe d'entretenir à DES
» PRIX RAISONNABLES, dans les circonftances politiques
» où nous fommes.

» LA députation de Saint-Domingue vient de rece-
» voir, Meffieurs, des lettres OFFICIELLES, d'après
» lefquelles elle eft autorifée à DÉMENTIR ces bruits
» d'indépendance, répandus avec profufion, & qui
» n'ont aucun fondement. Nous devons vous communi-
» quer ces adreffes confolantes ».

EXTRAIT D'UNE LETTRE DU PRÉSIDENT DE L'ASSEMBLÉE PERMANENTE DE LA PROVINCE DU SUD DE SAINT-DOMINGUE AUX DÉPUTÉS DE LA COLONIE A L'ASSEMBLÉE NATIONALE.

Aux Cayes, le 19 mai 1790.

. . . .

» CHARGÉ par l'Affemblée provinciale du Sud de vous
» faire paffer fon arrêté concernant le décret de l'Af-
» femblée Nationale du 8 mars dernier, je m'em-
» preffe de m'acquitter de ce devoir & de vous affurer
» que tous les bons Citoyens regardent ce décret comme

» la bafe de notre régénération. . . . ~ . . . . •

» . . . . •

» Nous venons de recevoir avec votre lettre du 14
» mars la copie du mémoire du fieur la Luzerne. Il
» femble que ce Miniftre ait juré DE CALOMNIER
» fans cefle les Colonies auprès du Roi & de la Na-
» tion; mais NOTRE FIDÉLITÉ & notre conduite lui
» donneront un démenti formel; & fi on n'ufe pas à
» fon égard de CONTRAINTE, la honte de fes men-
» fonges le forcera, fans doute, à defcendre d'une
» place ou IL NE FUT JAMAIS DIGNE de monter ».

LE dernier article de cette lettre excita des murmures *à la droite* du Préfident, & des applaudiffemens
à fa gauche; mais M. de Gouy les fufpendit par l'an-
nonce d'une lettre plus récente.

*LETTRE DE L'ASSEMBLÉE PERMANENTE DE LA
PROVINCE DU NORD, ADRESSÉE AUX DÉPU-
TÉS DE LA COLONIE A L'ASSEMBLÉE NATIO-
NALE.*

Au Cap, le 27 mai 1790.

» L'ASSEMBLÉE PROVINCIALE de la partie françoife
» de Saint-Domingue s'empreffe à vous envoyer fes
» deux arrêtés des 6 & 17 de ce mois. Elle vous invite
» à les préfenter à l'Affemblée Nationale, comme un
» hommage de fa reconnoiffance pour le bienfait inap-
» préciable qu'elle a fait à la Colonie par fon décret
» du 8 mars. . . . . C'eft une miffion bien

» confolante & bien fatisfaifante pour l'Affemblée,
» que d'être fpécialement chargée de vous tranfmettre,
» au nom de toute la province, fa fenfibilité & fa
» RECONNOISSANCE.

» MAIS, Meffieurs & chers Compatriotes, notre joie
» n'eft point complette; le Miniftère de la Marine,
» toujours dans les mains du Comte de la Luzerne,
» entretient nos inquiétudes & nos alarmes. S'il eft per-
» mis de croire que peut-être, à la fin, il eft con-
» vaincu, & de l'injuftice de fes principes, & de celle
» de fon adminiftration pour cette Colonie, fa lenteur
» à réparer fes torts devient alors un crime envers elle,
» & fa deftitution, dès ce moment, devient plus que
» jamais L'OBJET DE NOS VŒUX; mais difons plus,
» c'eft que nous fommes intimement PERSUADÉS que de
» cette deftitution dépend ABSOLUMENT le retour à
» l'ordre de toutes les parties de l'adminiftration.....

M. de Gouy donna à entendre que la Province de
L'OUEST étoit animée du même efprit, & que L'AS-
SEMBLÉE GÉNÉRALE, en confacrant les mêmes principes
de refpect pour l'Affemblée Nationale, & d'amour pour
la mère-patrie, étoit le centre commun où venoient
aboutir tous les rayons du PATRIOTISME & de la FI-
DÉLITÉ coloniale de Saint-Domingue.

CES deux lettres, inférées dans tous les journaux,
firent une grande impreffion fur les efprits; les hommes juftes qui s'étoient laiffé dire anciennement par
les amis du Miniftre, que fa dénonciation *étoit l'œuvre*

de M. *de Gouy* S E U L; plus récemment, qu'elle n'étoit *l'ouvrage que de* Q U E L Q U E S *Députés*; & dans tous les temps, *qu'elle n'étoit appuyée* D' A U C U N E *preuve*, parce qu'il étoit *chéri & respecté de la Colonie entière*, commencèrent à suspecter la vérité de ces assertions, quand ils virent clairement que la Province DU SUD s'expliquoit sans détour, & que la Province DU NORD, la plus considérable de Saint-Domingue, s'énonçoit avec une énergie qui ne laissoit aucun doute sur les sentimens de la PRESQUE UNANIMITÉ des Colons.

. DÉJA cette opinion, défavorable à notre adversaire, & si bien méritée par son opiniâtreté tyrannique, germoit dans le souvenir des gens impartiaux, lorsqu'une adresse libre & franche de la Province du NORD à l'Assemblée Nationale, en *date du* 13 *juillet* 1790, parvint aux Députés de la Colonie, qui en apprécièrent l'importance, & qui résolurent d'en donner connoissance à l'Assemblée Nationale & au public. M. de Reynaud insista pour que cette pièce fut entendue; il commença par lire la lettre d'envoi, & M. de Gouy fut chargé de lire l'adresse.

LES sentimens d'amour, de respect, de fidélité, dont elle est remplie pour l'Assemblée Nationale, avoient captivé l'attention de tous ses membres, lorsque l'article des NÈGRES & des MULATRES occasionna un murmure de la part du parti négrophile, qui heureusement n'est pas nombreux.

LE paragraphe qui concerne les lois prohibitives,

excita l'improbation du commerce ; on devoit s'y attendre. Mais M. de Gouy, qui fentoit combien il étoit im-
portant que l'Affemblée fût convaincue qu'à ces DEUX
OBJETS CAPITAUX eſt attachée l'IMMUABILITÉ DES
LIAISONS qui doivent unir à jamais les Colonies à la
Métropole, répéta ces articles avec un ton ferme &
prononcé, dont l'AFFECTATION ne pouvoit plus laiſſer
de doute fur l'INTENTION de ſes Commettans.

ENFIN le côté droit du Préſident fit entendre auſſi
ſes clameurs, quand le lecteur, élevant la voix à deſſein,
& PESANT SUR TOUS LES MOTS, prononça cette vérité
coloniale :

» Les mal-intentionnés, pour aſſurer leurs ſuccès, &
» exciter la MÉFIANCE GÉNÉRALE, ont prononcé le nom
» EFFRAYANT d'un Miniſtre qui a fait TOUS LES MAUX
» de la Colonie, qu'un Roi abuſé n'éloigne pas de ſes
» conſeils, & qui, réuni avec Marbois, l'ENNEMI DES
» COLONS, a influé peut-être ſur le décret & l'inſtruc-
» tion, & doit plus que jamais faire trembler la
» Colonie ».

CETTE phraſe ſaillante étoit ſuivie de celle-ci, non
moins remarquable :

» Pardonnez, Meſſieurs, A NOTRE FRANCHISE, ja-
» mais elle ne fut plus néceſſaire . . . . . . ces alarmes
» ſont communes A TOUTE la Colonie ».

CETTE UNANIMITÉ que l'Affemblée provinciale du

Nord annonçoit, ne tarda pas à être CONFIRMÉE d'une manière éclatante.

LE 8 août 1790, M. de Gouy reçut du *PRÉSIDENT DE L'ASSEMBLÉE GÉNÉRALE DE LA PARTIE FRANÇOISE DE S. DOMINGUE* une lettre OFFICIELLE, commençant par ces mots :

» L'Affemblée générale de la partie françoife de
» Saint-Domingue a entendu, Monfieur, AVEC INTÉ-
» RÊT la lecture de votre lettre. Elle s'occupe, en ce
» moment, de VOTRE EXCELLENT OUVRAGE, ayant
» pour titre : *Dénonciation de M. de la Luzerne.* Je
» fuis chargé de vous affurer DE SA SATISFACTION re-
» lative à la vigueur de caractère, au dévouement &
» au zèle infatigable dont vous avez toujours fait
» preuve pour le bien de la partie françoife de Saint-
» Domingue. . . . .

La députation vit avec une fatisfaction bien vé-
ritable LE SUCCÈS que paroiffoit obtenir, dans la
Colonie, la dénonciation du Miniftre, dont M. de
Gouy avoit envoyé une minute incorrecte à un
Membre de l'Affemblée générale. Elle attendoit avec
impatience le réfultat DE L'EXAMEN qu'alloit fubir cet
écrit, lorfque, dans une adreffe à l'Affemblée Nationale de France, en date du 24 juillet 1790, & qui
fut lue à la tribune le 11 Septembre, les Députés de
la Colonie eurent la douceur d'entendre de leurs propres oreilles ce qui fuit :

EXTRAIT D'UNE LETTRE DE L'ASSEMBLÉE GÉNÉRALE DE LA PARTIE FRANÇOISE DE SAINT-DOMINGUE, A L'ASSEMBLÉE NATIONALE.

A Saint-Marc, le 24 juillet 1790.

. . . .

» . . . . Nous avons l'honneur de vous donner
» en communication le DÉCRET D'ADHÉSION de l'Af-
» femblée générale de la partie françoife de Saint-
» Domingue, à la DÉNONCIATION qui vous a été faite
» PAR M. DE GOUY D'ARSY, contre M. de la Lu-
» zerne, ci-devant Gouverneur général de la partie
» françoife de Saint-Domingue, actuellement Miniftre
» de la Marine, enfemble quelqués pièces au foutien
» de cette dénonciation, en attendant qu'on puiffe s'en
» procurer d'autres que les Paroiffes doivent nous en-
» voyer inceffamment ».

» Ah! Meffieurs, délivrez nous DU PLUS CRUEL DE
» NOS ENNEMIS perfonnels, & peut-être du plus DAN-
» GÉREUX pour les intérêts de la Nation entière. Dé-
» puis que fa Majefté, que nous ne ceffons de bénir
» & de chérir, nous a fait un SI FUNESTE PRÉSENT ,
» en le nommant Gouverneur général, nous n'avons
» éprouvé que VEXATIONS, abus d'autorité en tout
» genre, & CRUAUTÉS inouies ; enfin la Colonie
» a toujours été en déclinant : nos frères jouiffent déjà
» de l'heureufe régénération que vous leur avez procurée,

&

» & nous , nous gémiſſons encore ſous le joug du
» plus affreux deſpotiſme. Le DÉSESPOIR eſt á ſon
» comble, Meſſieurs, & nous ne pouvons plus répon-
» dre du parti violent que peuvent prendre nos Conci-
» toyens contre nos tyrans & nos ennemis communs » .

. . . .

Signé BÉRAULT , *Préſident;* VALENTIN DE CUL-
LION, *Vice - Préſident* ; LE GRAND, TRÉBUCIEN ,
D'EAUBONNEAU & DENIX , *Secrétaires.*

A cette adreſſe étoit annexé le DÉCRET ſuivant:

*EXTRAIT DES REGISTRES DE L'ASSEMBLÉE GÉ-
NÉRALE DE LA PARTIE FRANÇOISE DE SAINT-
DOMINGUE.*

Séance du 10 juillet 1790.

» LA motion a été faité pour qu'il fût délibéré ſur
» la DÉNONCIATION dont il a été donné lecture dans
» les précédentes ſéances, & qui a été faite à l'Aſſemblée
» Nationale par M. LE MARQUIS DE GOUY D'ARSY,
» contre le ſieur Comte de la Luzerne, ci-devant Gou-
» verneur général de la partie françoiſe de Saint-Domin-
» gue, actuellement Miniſtre de la Marine.

» La matière miſe en délibération ; L'ASSEMBLÉE
» GÉNÉRALE a décrété & décrete qu'elle AVOUE cette
» dénonciation, comme AYANT TOUJOURS ÉTÉ LE
» vœu de la partie françoiſe de Saint-Domingue ; dé-
» clare en prendre SUR ELLE toutes les ſuites; CHARGE
» expreſſément M. LE MARQUIS DE GOUY D'ARSY &

» fes Collegues de POURSUIVRE cette dénonciation
» avec toute l'activité dont ils feront capables; INVITE
» M. Thomas Millet, déjà nommé Commiffaire pour
» recueillir les preuves & renfeignemens relatifs à la
» dite dénonciation, de preffer ce travail le plus qu'il
» lui fera poffible;

» ARRÊTE que le préfent décret fera adreffé à l'Af-
» femblée Nationale, & envoyé à M. le Marquis de
» Gouy d'Arfy & à fes Collegues par les premiers
» navires qui feront voile pour France; & qu'il fera
» imprimé au nombre de QUINZE CENTS exemplaires.

» Fait en ASSEMBLÉE GÉNÉRALE à *Saint-Marc*,
» les jour, mois & an que deffus ».

TANDIS que la Colonie affemblée & fes REPRÉSEN-
TANS, librement élus, s'expliquoient auffi cathégorique-
ment fur le Miniftre & fes adhérens, la députation
reçut auffi fes paquets, dans chacun defquels fe trouva
un exemplaire de la lettre fuivante :

*LETTRE OFFICIELLE DE L'ASSEMBLÉE GÉNÉRALE
DE LA PARTIE FRAÇOISE DE SAINT-DOMINGUE
AUX DÉPUTÉS DE LA COLONIE A L'ASSEMBLÉE
NATIONALE.*

Saint-Marc le 21 *juillet* 1790

» Nous vous adreffons, Meffieurs & chers Com-
» patriotes, un décret qui pourra porter quelque joie
» dans vos cœurs, & vous paroîtra LA RÉCOMPENSE
» DE VOTRE PATRIOTISME.

» La Colonie avoue hautement la dénoncia-
» tion que vous avez faite du Comte de la Luzerne. Ce
» Ministre si justement abhorré ne pouvoit échapper
» aux coups de la justice , dans un temps où le
» peuple françois se ressaisit de ses droits & punit ses
» tyrans. Vous avez donné un grand exemple ; nous
» espérons qu'il ne sera pas perdu, & que l'impunité
» cessera d'être offerte aux hommes qui seroient tentés
» d'abuser de leur puissance passagère.

» Nous aurions voulu qu'il nous fût possible d'user
» d'indulgence, & de jeter un voile sur tout ce qui s'est
» passé ; mais il ne nous a pas été permis d'étouffer les
» cris des nombreuses victimes du comte de la Lu-
» zerne. Il a passé dans notre contrée comme un fléau
» destructeur ; & lors même que nous avons été dé-
» livrés de sa présence, nous n'avons pas été délivrés de
» ses maux.

» Que n'a-t-il pas tenté pour notre ruine ! Nous ne
» sommes que trop instruits de ses sacriléges efforts
» pour détruire un pays qu'il n'est pas digne d'ap-
» précier, & qui n'a reconnu en lui qu'un avorton de
» la vieille intrigue des cours, & un aveugle agent du des-
» potisme.

» Ne négligez rien , Messieurs & chers compatriotes,
» pour éloigner cet homme pervers des Conseils d'un Roi
» que nous chérissons , & qu'il trompe. Prévenez, en
» notre nom, l'auguste Assemblée Nationale qu'elle
» doit se méfier de tous les renseignemens qui lui vien-
» dront de la part de cet ennemi de la liberté; dites-lui

» que nous dépofons entre fes mains le foin de notre
» VENGEANCE, & que nous efpérons qu'elle ne repouf-
» fera pas les PLAINTES UNANIMES d'un peuple de culti-
» vateurs qui fe fait gloire de contribuer à la profpérité
» de la Nation françoife.

» Nous vous faifons paffer diverfes pieces qui vien-
» dront à l'appui de cette dénonciation, & vous fervi-
» ront à combattre ceux qui n'auroient pas honte de fe
» montrer les protecteurs d'un homme qui ne peut en
» trouver que parmi SES COMPLICES, ou les fatellites
» du pouvoir arbitraire. Nous ne tarderons pas à vous
» faire paffer d'autres pieces, qui acheveront de juftifier
» auprès de la Nation entiere les fentimens D'INDI-
» GNATION que nous avons voués au Miniftre de la Ma-
» rine.

» Nous rendons graces au ZELE, à la conftance, à
» L'ÉNERGIE DE M. DE GOUY D'ARSY, & nous l'invi-
» tons à pourfuivre fa noble carriere. Saint-Domingue
» N'OUBLIERA JAMAIS fes fervices, & lui confervera une
» IMMORTELLE RECONNOISSANCE. Puiffe-t-il un jour
» venir au milieu de nous recueillir les COURONNES CI-
» VIQUES qui l'attendent ! »

AINSI la province de l'OUEST, la province du SUD,
la province du NORD, fembloient rivalifer fur la queftion de favoir laquelle CONFIRMEROIT, avec le plus
d'énergie, la dénonciation du Miniftre, faite à l'Affemblée Nationale par M. de Gouy, au nom de la Députation, & l'ASSEMBLÉE GÉNÉRALE de la Colonie paroiffoit vouloir PRIMER toutes les Affemblées provincia-

les, par l'ADHÉSION folemnelle contenue dans les quatre pieces que l'on vient de lire.

IL n'étoit donc plus permis de douter que les malheureux habitans de Saint-Domingue étoient, comme on l'avoit avancé, à la merci d'un Gouvernement tyrannique, confié à des *fubalternes prévaricateurs*, & à un Miniftre *juftement exécré* d'une Colonie dont il avoit fait le *malheur*, & dont il fembloit vouloir *confommer la ruine*.

MAIS ces infortunes étoient-elles EXCLUSIVEMENT réfervées à Saint-Domingue? HÉLAS! NON, & cette cruelle vérité doit être fue de la Nation entière. C'eft dans le moment où toutes les parties de l'Empire en fermentation s'agitent, fe preffent, fe froiffent, que, pour participer à la combinaifon heureufe qui doit réfulter de cette fufion bienfaifante, il importe de montrer aux peuples du continent, qui ont enfin fenti leurs maux & brifé leurs chaînes, qu'il exiftoit au delà des mers un peuple de FRERES, une partie de la nation françoife, une nation AGRICOLE & précieufe, qui gémiffoit tout entiere fous des lois atroces, fi l'on peut appeler des lois, les VOLONTÉS ÉPHÉMERES de ces mannequins paffagers, qu'une intrigue de cour apportoit fur le pinacle, & qu'une cabale oppofée précipitoit dans l'oubli.

Nos Colonies DANS LES DEUX INDES étoient donc encore PLUS MALHEUREUSES que la France, qui l'étoit beaucoup; & de toutes ces provinces éparfes, s'élevoit vers les Légiflateurs de l'Empire un concert plaintif de voix gémiffantes, qui demandoient UNANIMEMENT le

renvoi d'un Miniſtre auquel elles attribuoient tous leurs
maux , & dont l'éloignement devoit être l'époque , & du
retour de la tranquillité dans nos Iſles , & du commence-
ment de la proſpérité dans nos Colonies.

La Martinique , après avoir émis des plaintes inu-
tiles , & rappelé un Gouverneur chéri dont elle étoit
privée , a été forcée de prononcer l'exil de tous les
agens d'un miniſtere odieux , & d'embarquer avec
énergie l'Intendant & ſes adhérens.

Tabago , à laquelle on avoit envoyé des troupes sé-
ditieuses , au lieu de lettres de convocation , a été la
victime de ces brigands ramaſſés dans le continent,
pour le malheur d'un autre hémiſphere ; elle a vu ſa Ca-
pitale devenir la proie d'un incendie dévorant , & réduite
en cendres , & elle n'aura pas appris , ſans une douleur
qui doit approcher du déſeſpoir , que ces incendiaires,
ces criminels, ces assassins , au lieu de trouver dans
les ports de France la vengeance nationale & l'échafaud,
y ont reçu une impunité ministérielle , de l'argent,
& la liberté.

Les Isles de France et de Bourbon , ſi impor-
tantes à la Métropole , & les plus malheureuſes peut-
être , parce qu'elles ſont les plus éloignées du foyer de
la régénération , ont déjà fait entendre leurs accens , &
fait parvenir à l'Aſſemblée Nationale le tableau des
vexations, des déprédations, des horreurs dont elles ſont
les victimes.

Enfin la Guadeloupe , foible par elle-même,

(39)

mais forte par son patriotisme, a , les 8 & 27 Février
1790 , adressé aux assemblées ADMINISTRATIVES de
S.-Domingue un projet de FÉDÉRATION entre toutes les
Antilles, VOTÉ DES LOUANGES solemnelles pour M. DE
GOUY, qui , sous les auspices de ses commettans, avoit
osé DÉNONCER le Ministre de la Marine, & pris un arrêté
de la plus grande force, par lequel elle charge ses Représentans à l'Assemblée Nationale de lui DÉNONCER , à
leur tour, M. de la Luzerne , comme COUPABLE, entre
autres , de CINQ DÉLITS d'administration extrêmement
graves.

C'EST à cette adresse vraiment SUBLIME que Saint-
Domingue a fait, le 13 Mars 1790 , la réponse dont nous
croyons devoir consigner ici l'extrait.

« VOTRE délibération du 27 Février dernier, chers
» compatriotes, contient la juste dénonciation que vous
» faites à l'Assemblée-Nationale , des torts que nous
» avons aussi JUSTEMENT REPROCHÉS au Ministre de la
» Marine, sans nous être à ce sujet concertés avec vous ;
» mais la vérité est UNE, & par conséquent son langage est
» uniforme, malgré les distances. Il n'est malheureuse-
» ment que TROP CONNU dans toutes les Colonies fran-
» çoises, que le Comte DE LA LUZERNE y a fait PAR
» LUI-MÊME, & par ses AGENS, TOUT LE MAL qu'il y
» pouvoit faire, dans la seule vue de les priver des fruits
» de la régénération publique.

» QUOIQUE nos vues soient celles de tous les Colons,
» nous ne vous dissimulons pas, chers Compatriotes,
» que cette UNANIMITÉ à laquelle il falloit s'attendre,
» nous a paru infiniment précieuse. . . . . . .

C 4

» C'est par la fréquente communication de nos tra-
» vaux que nous multiplierons nos forces ; c'est sur tout
» par l'unanimité de nos arrêtés que nous paroîtrons aux
» yeux de la Métropole ce que nous sommes , en dépit
» des Ministres, de bons François bien attachés & bien
» utiles à leur patrie ».

Voila donc un soulevement général de toutes les
Colonies françoises bien établi contre le Ministre de la
Marine.

Cet état contre nature ne pouvoit pas durer ;
bientôt la crise se fait sentir , les têtes s'exaltent ,
les idées fermentent ; les impressions fâcheuses contre
les agens d'un Ministre abhorré s'accumulent chaque jour ; ces agens aigris veulent , à leur tour , être
encore obéis ; ils menacent , on résiste ; leur autorité
méconnue est méprisée. Ici l'anarchie commence ; ce
fléau des sociétés apporte avec lui tous les maux. On
éprouve la nécessité d'un Gouvernement actif ; mais on
ent , pardessus tout , l'importance de réformer les
abus , de substituer la loi à la tyrannie , en un mot, de
faire des lois nouvelles.

Alors tous les esprits travaillent , chaque individu
enfante un projet ; tous les systêmes se choquent , toutes
les opinions se combattent , les citoyens se partagent entre les opinions. Perdant de vue le but patriotique
vers lequel ils tendoient tous , ils se divisent , ils s'ar-
ment ; & , par une fatalité déplorable , des hommes
qui tous ne vouloient que le bien de tous , vont s'en-
tr'égorger , pour défendre le systême qui , selon chacun

d'eux, doit faire le bonheur de leurs freres. Déjà la GUERRE CIVILE fait briller son glaive parricide; un grand spectacle vient en suspendre les coups; il fixe les regards des combattans, & ceux de l'Europe étonnée.

L'ASSEMBLÉE GÉNÉRALE des Repréfentans de Saint-Domingue s'EMBARQUE à Saint-Marc, traverfe l'Océan, arrive à Breft. Des Députations de diverfes parties de la Colonie la précedent ou la fuivent; les mers font couvertes de créoles, & Saint-Domingue eft prefque toute en France. Le Miniftre, CAUSE PREMIERE de ces défaftres, ODIEUX à tous les partis, ne redoute que les explications déformais fi faciles, & fa politique aftucieufe a foin d'entretenir, par des bruits adroitement femés, une défunion funefte, dont fon devoir eût été de prévenir les effets.

LA Députation, pénétrée de douleur, cherche à fonder la profondeur de la bleffure. En vain effayeroit-elle de rapprocher des citoyens aigris, fi elle laiffe fubfifter LA CAUSE de leur aigreur. Il importe d'attaquer le mal dans fa fource, & perfonne ne fait comme elle que toutes les divifions ne proviennent que des fautes d'un Gouvernement dirigé par le Miniftre des Colonies.

ELLE renouvelle donc avec plus d'ardeur que jamais fes vives inftances auprès du Comité des rapports. Le Comité promet une féance préliminaire, il l'accorde; le jour arrive, les Députés de la Colonie fe préfentent. Le Rapporteur (*M. Anthoine, Député de Saarguemines*) EST ABSENT.

LES Députés fe plaignent de cette inertie; elle leur

femble coupable, APRÈS SIX MOIS de follicitations. Ils
ne conçoivent pas comment, daas ces jours de régénération, une grande & puiffante contrée A BESOIN DE SOL-
LICITER, pour obtenir JUSTICE.

M. ANTHOINE paroît fenfible à leurs plaintes. Rapporteur impartial, chargé de tenir la balance entre le
Miniftre accufé, & les Députés dénonciateurs, que fait-
il?.... Il monte à la tribune, & DÉNONCE, de fa propre
bouche, les Députés de Saint-Domingue, au nom d'un
comité dont il n'avoit PAS DE POUVOIRS. -

LA Députation, fans daigner s'occuper de cette dénonciation vague, auffi légerement abandonnée que con-
çue, n'en preffe pas moins le rapport TANT DÉSIRÉ,
TANT ATTENDU.

LE Rapporteur, PRESSÉ, fixe invariablement fon jour;
le 16 Octobre eft défigné par lui. Le 16 Octobre arrive,
& M. le Rapporteur ne PAROÎT PAS. Remife au 18, il
s'y trouve, & demande un DÉLAI.

LES Repréfentans de Saint-Domingue, dévoués à
leur miffion, ne durent pas s'apercevoir de ce que cette
conduite avoit d'OFFENSANT pour leur caractere; ils con-
tinuerent encore quelques jours leurs follicitations, fans
efpoir.

ENFIN le 22 Octobre, juftement affligés d'avoir fuivi,
depuis onze mois, avec énergie, & fans fuccès, une dénonciation réclamée PAR TOUTES LES COLONIES, ils
arrêterent de porter leurs griefs au Tribunal du Public,
& de prouver à la Nation que la retraite de M. de la

Luzerne, fi elle avoit lieu, ne feroit de fa part que l'effet de fes REMORDS, ou la FRAYEUR du CHATIMENT.

Dans ces difpofitions, la publication de la DÉNON-
CIATION, des pieces JUSTIFICATIVES, & du SUPPLÉ-
MENT, fut décidée; tous les Membres de l'Affemblée
Nationale reçurent un exemplaire de cet écrit; il fut envoyé aux 83 Départemens, aux Sociétés des Amis de la
Conftitution, aux Chambres de Commerce, à tous les
ports de mer, aux principales Municipalités du Royaume,
à Saint-Domingue, & à toutes les Colonies dans les
deux Indes.

La NOUVEAUTÉ du fujet fit entreprendre la lecture
de cet Ouvrage. La VARIÉTÉ des tableaux la fit ache-
ver; une conviction GÉNÉRALE en fut le réfultat. Les
papiers publics en parlerent avec éloge; PAS UN défenfeur
ne fe leva en faveur de M. de la Luzerne. Eh ! qui auroit ofé fe déclarer le patron de ce defpote effréné, CON-
VAINCU, PAR 45 ÉCROUS originaux, d'avoir LIVRÉ, de
fes propres mains, 45 CITOYENS chargés de chaînes, fans
délit connu, fans décret lancé, fans jugement rendu,
à une puiffance étrangere, qui ne les ACHETOIT chez
nous que pour les employer à arracher des entrailles de
la terre ces métaux qui payent tout, jufqu'aux hommes
infortunés dont on facrifie l'exiftence à leur extraction.

Déja l'accufé, preffé de toutes parts par les argumens irréfiftibles de la Députation, a reconnu l'inuti-
lité d'une défenfe IMPOSSIBLE. Enveloppé avec les Miniftres, fes collegues, dans une efpece de profcription générale, tous réfiftent quelques momens à l'opinion pu-

blique, qui n'étoit pas suffisamment motivée; LUI SEUL, accablé du poids de ses méfaits, OBÉIT au jugement du peuple; SEUL il donne sa démission. . . . . Ses confreres ne l'imitent que long-temps après.

CEPENDANT un NOUVEAU DÉLIT a souillé jusqu'à cet acte exécutoire. Ce que le Ministre des Indes avoit osé faire en Juillet 1789, pour CONSACRER les crimes de SON FAVORI MARBOIS, il n'a pas craint de le RÉPÉTER en Octobre 1790, pour voiler l'énormité de ses torts. Alors il avoit abusé de l'influence de sa place pour TROMPER la religion du Souverain; aujourd'hui il abuse de la bonté de son cœur, pour EN IMPOSER à la Nation.

CELUI qui avoit déterminé le Monarque à écrire à l'Intendant abhorré de Saint-Domingue : *Vous pouvez être sûr de mon approbation , de mon estime, de mes bontés*, a bien su l'engager à lui écrire à lui-même : *Je n'oublierai jamais les marques constantes de dévouement que vous m'avez données, & c'est avec regret que j'accepte votre démission.*

AINSI les éloges rémunérateurs de l'AUGUSTE DÉLÉGUÉ de la Nation, toujours SURPRIS par le même agent, ont, dans le cours de quinze mois, servi DEUX fois à couvrir les fautes irrémissibles d'un Intendant, ou à consoler l'orgueil insupportable d'un Ministre.

MAIS quel François aujourd'hui seroit la dupe de ces lettres mendiées, qui ne sont tout au plus que des absolutions *in extremis*? Les lettres de tous les Souverains de l'Univers ne sauroient anéantir des vérités éternelles, ne sauroient annuller l'existence des faits dont l'évidence

est démontrée. La Divinité elle-même n'a pas ce pouvoir.
Les Députés de Saint-Domingue ont administré des
preuves sans réplique de tous les chefs de dénonciation.
Tout est donc prouvé par eux & pour eux; & s'ils solli-
citent encore un jugement DÉFINITIF qui consacre l'é-
vidence de leurs moyens, c'est qu'ils pensent qu'il seroit
dangereux de laisser croire que la RESPONSABILITÉ d'un
Ministre S'ARRÊTE sur le seuil de son cabinet, & N'OSE
S'ATTACHER à sa personne, & la suivre dans sa retraite ;
c'est qu'ils sont convaincus que la GÉNÉROSITÉ NATIO-
NALE DOIT ce jugement à l'accusé, pour le condamner
ou pour l'absoudre, & que la justice des Représentans de
la Nation LE DOIT également à ses accusateurs, en pu-
nition de leurs calomnies, ou en expiation de leurs souf-
frances.

AINSI la Députation n'a cessé de demander un décret,
& le RÉCLAME ENCORE de toutes ses forces; mais le
sieur ANTHOINE est sourd à ces réclamations si justes.
Quoi qu'on en puisse dire, quoi qu'on en puisse penser,
TOUT LUI EST ÉGAL, pourvu qu'il ne rapporte pas. Qui
l'auroit jamais cru, qu'en présence de l'Assemblée Nationale elle-même, & de l'Assemblée BIEN AVERTIE, vînt
se consommer un DÉNI DE JUSTICE plus révoltant que
ceux qu'on a tant reprochés à l'ancien régime ?

PESEZ ceci, amis fideles de la constitution !...., pesez ceci, & jugez..... Une Colonie ORDONNE expres-
sément à ses Représentans de DÉNONCER un Ministre; ils
OBÉISSENT. La dénonciation est REÇUE, consignée dans
des actes impérissables, renvoyée, PAR UN DÉCRET solemnel, à l'examen d'un COMITÉ, pour être rapportée

SANS DÉLAI. Certes, l'Assemblée Nationale ne devoit, ne pouvoit pas faire autre chose.

LE Comité, saisi de cette affaire importante, nomme un RAPPORTEUR, se fait remettre toutes les PIECES, les communique à l'accusé, promet toutes les audiences nécessaires. Certes, le Comité des Rapports ne devoit, ne pouvoit pas se conduire autrement.

LE RAPPORTEUR, chargé de peser dans la balance de la justice les allégations & les défenses, obligé strictement à une impartialité rigoureuse, MANQUE d'abord à son caractère, en dénonçant, sans mission, les Députés de la Colonie, & compromet ensuite SON HONNEUR, en ménageant, SANS PUDEUR, par ses délais, le Ministre inculpé.

OR on ne peut, d'après les formes adoptées, obtenir de l'Assemblée Nationale un décret DÉFINITIF que SUR LE RAPPORT d'un Comité. Le Comité ne peut émettre un vœu que SUR LE TRAVAIL de son Rapporteur. Le Rapporteur se refuse OBSTINÉMENT à manifester son travail. DONC le Comité ne sera pas instruit; donc l'Assemblée ne sera pas éclairée; DONC la cause ne sera pas jugée; DONC des coupables quelconques, accusateurs ou accusés, échapperont à la vengeance des lois; DONC ni la Colonie victimée, ni les individus plaignans ne recevront satisfaction d'aucun genre; DONC JUSTICE NE SERA PAS RENDUE, L'AN SECOND DE LA LIBERTÉ. . . . . .

NON, NON, il n'en sera pas ainsi; l'énergie des Représentans de Saint-Domingue NEUTRALISERA encore cette fois la défaveur & l'injustice. Un Ministre COUPA-

BLE ne s'applaudira pas long-temps de la COMPLAI-SANCE SERVILE DE SON RAPPORTEUR ; il ne se permettra plus d'imprimer que la dénonciation *est aussi fausse qu'invraisemblable* ; il ne taxera plus ses dénonciateurs *d'être des romanciers & des imposteurs*, quand ils n'ont été que des Historiens fideles.

LES Députés de la plus puissante de nos Colonies n'ont dénoncé M. de la Luzerne que PAR LES ORDRES de leurs Commettans. — La Dénonciation, rédigée par M. de Gouy, & envoyée à Saint-Domingue, a reçu la SANCTION UNANIME de tous les habitans, des Corps administratifs, & son AUTEUR a été comblé D'ÉLOGES HONORABLES. — 150 pieces originales & TRIOMPHANTES ont été DÉPOSÉES & imprimées. — La Dénonciation a paru. — Les pieces JUSTIFICATIVES l'accompagnoient. — Un supplément VICTORIEUX a répondu, en peu de mots, à la justification volumineuse que l'accusé s'étoit TROP PRESSÉ de répandre. — L'opinion publique A FAIT JUSTICE de son ouvrage & de lui. — Forcé de DESCENDRE de sa place, une lettre SURPRISE à la bonté du Roi ne le lavera pas des reproches des deux Mondes. — Il avoit *promis de répondre à tout.* — Il n'a répondu à rien. — Son silence EST UN AVEU. — Les derniers momens de sa faveur ont été employés à EMPÊCHER un jugement qui devoit le LAVER ou le PERDRE. — IL EST PERDU. — ATTEINT par nos justes griefs, — CONVAINCU dans sa propre conscience, — CONDAMNÉ par la voix publique, — son jugement est PRONONCÉ, — la sentence EST EXÉCUTÉE. — Est-il un châtiment plus sévere ? — Quelle réparation PLUS SATISFAISANTE pouvoit espé- rer la Colonie ? quel triomphe PLUS ÉCLATANT pouvoit

couronner la constance de ses dénonciateurs, & le travail
infatigable de celui d'entre eux qui , devenu leur organe
par LEUR CHOIX, & par L'ASSENTIMENT de ses Commettans, a eu l'honneur d'être le PREMIER MEMBRE de
l'Assemblée Nationale constitüante, qui AIT OSÉ faire
parcourir à un Ministre la carriere de la RESPONSABILITÉ,
pour l'exemple de ses successeurs.

TEL EST LE COMPTE SOLEMNEL que j'ai cru devoir
rendre A LA NATION, au nom de mes Collegues, relati-
vement à la démarche énergique qui nous a été prescrite
contre M. de la Luzerne. Nous en PUBLIONS le résultat,
comme nous aurions AFFICHÉ SON ARRÊT. Cet hommage
éclatant de notre part étoit dû, & à la CONSTITUTION, &
à nos COMMETTANS, & aux VICTIMES des vexations du
Gouverneur-Ministre. Et DÉJA NOUS NE SONGEONS PLUS
A LUI; & déjà nos regards se tournent vers l'espoir conso-
lateur de la régénération prochaine qui se prépare ; & déjà
Saint-Domingue, si long-temps affaissée sous le joug du
plus odieux despotisme, s'est NOBLEMENT LEVÉE LA PRE-
MIERE A LA LIBERTÉ; & déjà la fermentation critique
qu'elle a éprouvée, symptôme nécessaire d'une régénération absolue, lui assure une part proportionnelle à son
importance politique, dans la somme de prospérité à laquelle la France a lieu de prétendre sous l'empire d'une
CONSTITUTION LIBRE, & sous le gouvernement d'un
ROI CITOYEN, & de Ministres RESPONSABLES chargés
d'exécuter la loi, sans pouvoir jamais l'enfreindre avec
impunité.

LOUIS-MARTHE DEGOUY,

Député de St. D........ à l'Assemblée Nationale.

9 782019 265168